GUÍA DE LECTURA

Escrita por Lucile Lhoste
Traducida por Tamara Montes Blanco

París era una fiesta

de Ernest Hemingway

ERNEST HEMINGWAY

ESCRITOR, PERIODISTA Y CORRESPONSAL DE GUERRA ESTADOUNIDENSE

- **Nacido en 1899 en Oak Park (Estados Unidos)**
- **Fallecido en 1961 en Ketchum (Estados Unidos)**
- **Algunas de sus obras:**
  - *Fiesta* (1926), novela
  - *Por quién doblan las campanas* (1940), novela
  - *El viejo y el mar* (1952), novela

Nacido en 1899 en Illinois, Ernest Miller Hemingway es un importante autor de la literatura estadounidense del siglo XX. Varias de sus obras se han convertido en clásicos a día de hoy, como *El viejo y el mar*, por la que obtuvo el premio Pulitzer en 1953. Como viajero aventurero que fue, vivió en Estados Unidos, Canadá, África, Francia, Italia —donde se enroló en el ejército después de 1918— y en España —donde cubrió la guerra civil (1936-1939)—.

Hemingway cosechó grandes éxitos con sus novelas y obtuvo el Premio Nobel de Literatura en 1954. Se casó cuatro veces y además escapó de la muerte por poco en 1953 debido a un accidente de avión, pero su salud se vio severamente resentida. Tras haber estado ingresado en varios hospitales a principios de los años sesenta, puso fin a sus días el 2 de julio de 1961.

PARÍS ERA UNA FIESTA

UNA HISTORIA PARA CELEBRAR LA CIUDAD DE LA LUZ

- **Género:** autobiografía novelada
- **Edición de referencia:** Hemingway, Ernest. 2013. *París era una fiesta*. Traducido por Gabriel Ferrater. Barcelona: Lumen
- **Primera edición:** 1964
- **Temáticas:** París, amistad, amor, escritura, placeres de la vida, modo de vida a la francesa

El libro fue publicado en 1964 a título póstumo por la editorial Charles Scribner's Sons por iniciativa de la última esposa del autor, Mary Welsh Hemingway (periodista estadounidense, 1908-1986). Además, gozó de una segunda edición en 2009 revisada por Patrick (nacido en 1928) y Seán Hemingway, respectivamente hijo y nieto del autor. Aunque este último lo presentó como ficción, *París era una fiesta* posee una gran dimensión autobiográfica, ya que se trata, ni más ni menos, de una exhibición de los deleites que Ernest Hemingway conoció en la Ciudad de la Luz a principios de los años veinte, pero también en Suiza y en Austria. El libro está formado por breves escenas que ilustran, cada una, una relación o un aspecto de la vida parisina, en las que se manifiestan la felicidad y la nostalgia del autor.

Este amor por París tuvo un tremendo eco en la voluntad de los parisinos de resistir al terrorismo tras los atentados del 13 de noviembre de 2015. Respaldado por una anciana en una entrevista de televisión muy retransmitida, *París era una fiesta* batió desde entonces los récords de ventas.

- 3 -

RESUMEN

El libro está estructurado en diecinueve escenas principales (el cuerpo de *París era una fiesta*), a las que se añaden otras dos escenas y otras ocho inéditas.

Hemos elegido resumir el contenido de la obra en cuatro puntos principales, cada uno de ellos retoma elementos de varias escenas: el gran número de placeres que vivió Hemingway en París, sus relaciones con Gertrude Stein (literata estadounidense, 1874-1946) y Ezra Pound (escritor estadounidense, 1885-1972), sus desventuras con Francis Scott Fitzgerald (novelista estadounidense, 1896-1940) y finalmente los escasos momentos en los que experimentó la tristeza de vivir en la capital.

LOS PLACERES VIVIDOS EN PARÍS

Ernest Hemingway, su primera mujer (Hadley Richardson, 1891-1979) y su hijo Jack (apodado Mr. Bumby, 1923-2000) se instalan en París a comienzos de los años veinte. Ahí vivirán felices varios años, a pesar de que nunca supieran cuándo iba a entrar dinero en casa, al menos hasta que el autor conoce a otra mujer que acabará con toda la belleza de la ciudad.

Debido a su profesión de escritor, pasa mucho tiempo en las cafeterías y los restaurantes, lugares que encuentra propicios para la escritura en la medida en que no le molesten. Adora profundamente estos sitios de encuentro y de discusión y evoca su animación y buen humor. Asimismo, la obra comienza con una escena en una cafetería: el autor está trabajando ahí, pero, presa de un deseo de evasión, le sugiere a su esposa un viajecito a España.

En varias escenas, Hemingway también alude a los libreros, como Sylvia Beach (librera y editora estadounidense, 1887-1962) y los buquinistas de la orilla del Sena. Estos últimos hacen negocio procurándose, por ejemplo, libros ingleses y estadounidenses olvidados en los hoteles y revendiéndolos después, aunque con pocos beneficios. Como se trata del único sitio en el que el escritor puede encontrar novelas escritas en su lengua materna, pasa mucho tiempo ahí.

También apuesta en las carreras con Hadley. En un primer momento, sus apuestas parecen dar sus frutos y les permiten cenar en el restaurante donde evocan con nostalgia a uno de sus amigos, llamado Chink. No obstante, Hemingway termina por cansarse de las apuestas, que no le aportan tanto como espera, y abandona por completo esta actividad.

Sus escasas estancias fuera de la capital fueron en España y en Schurns (Austria), donde decidieron vivir cuando nació su hijo: el invierno de París es demasiado frío para un bebé. La pareja también se dirige a Suiza, donde algunas actividades típicas y la comida impresionan fuertemente a Hemingway. Sin embargo, lamenta haber perdido sus manuscritos, extraviados durante un trayecto a Suiza. Hadley, que quería darle una sorpresa y permitir que trabajara fuera de París, lo siente mucho.

SUS RELACIONES PARISINAS

En el transcurso de los años pasados en París, Hemingway conoce a un gran número de artistas ilustres de su tiempo. Así pasa mucho tiempo con Francis Scott Fitzgerald, pero también con James Joyce (escritor irlandés, 1882-1941), Ezra Pound y Gertrude Stein. Esta última recibe a menudo a Hemingway y su mujer. Como no le gusta mucho hablar con Hadley, debate con su marido. El escritor recuerda particularmente una conversación durante la que la anfitriona, aunque era lesbiana, aludía al hecho de que la homosexualidad era algo perverso, especialmente cuando se trataba de hombres, puesto que, según ella, a ellos mismo les daba asco su propio acto sexual. Este pensamiento parece estar influido por el hecho de que tiene una opinión mucho mejor de las mujeres que de los hombres, aunque no lo confirme.

Un día, cuando Hemingway se encuentra en casa de Ezra Pound para enseñarle unas nociones básicas de boxeo, conoce a Wyndham Lewis (pintor y escritor inglés, 1882-1957), al que considera de entrada el hombre más repugnante que haya conocido nunca, sin mayores explicaciones. El estudio del músico estadounidense es para él lugar de un gran número de encuentros, entre los que se encuentran los más extraños de su vida. Por ejemplo, coincide con artistas japoneses de pelo largo, cuyo peinado desea imitar, pero Hadley le sugiere que mejor se deje crecer el pelo e iguale al suyo para que tengan la misma longitud.

SU RELACIÓN CON SCOTT FITZGERALD

Hemingway conoce a Scott Fitzgerald en una cafetería. Aunque piensa que es excéntrico y tiene poca inclinación a hablar con él, entablan una conversación sobre la escritura rápidamente. Al poco, Scott le propone que lo acompañe a Lyon para recoger su coche y llevarlo de vuelta a París, ya que su mujer Zelda Sayre (escritora estadounidense, 1900-1948) y él tuvieron que dejarlo en la primera ciudad por culpa del mal tiempo.

Sin embargo, al día siguiente, su nuevo amigo no se presenta en la estación, así que Hemingway decide hacer el trayecto él solo. Llega a Lyon ese mismo día, aún sin noticias de Scott, y encuentra un hotel donde pasar la noche. Este último se presenta al día siguiente y le informa de que tomó un tren justo después que él, porque perdió el primero, y desde entonces estuvo buscándolo en vano.

Consiguen recuperar el coche de Fitzgerald, y Hemingway se da cuenta de que le falta el techo; en efecto, se había roto cuando la pareja Fitzgerald estuvo en Marsella, entonces Zelda había hecho que lo cortaran y no quiso poner uno nuevo. Como está lloviendo entre Lyon y París, los dos hombres tienen que parar frecuentemente para resguardarse y evitar ponerse enfermos; entonces, se resignan a alojarse en un hotel de Chalon-sur-Saône. Allí, a Scott, empapado y ebrio, se le mete en la cabeza que ha cogido una pulmonía.

Esta tendencia a la bebida empeora con el tiempo en Fitzgerald. A este último, permanentemente ebrio, le cuesta escribir, le resulta difícil convivir con su entorno y se permite cada vez más excentricidades en público. Aunque Hemingway siente pena por su amigo, los dos hombres continúan viéndose.

CUANDO PARÍS PIERDE SUS COLORES

Hemingway le encuentra pocos defectos a la Ciudad de la Luz, pero, al final del invierno, siente que el ambiente se vuelve sombrío. Se agobia cada vez más al ver que el buen tiempo tarda en venir y que el cielo da la impresión de que no se va a esclarecer nunca. La vida en París es cada vez más difícil.

En Vorarlberg (Austria), los Hemingway conocen a una mujer que se convierte en la mejor amiga de Hadley y de la que Hemingway está enamorado. Aunque el autor no quiere dejar a su esposa, esta otra mujer (que parece ser Pauline, la que será su segunda pareja) está también prendada del escritor y se empeñará en romper su matrimonio. Al principio, Ernest resiste, pero acaba por caer en los brazos de la seductora mujer, lo que marca el inicio del fin de su matrimonio. Permanece junto a Hadley por remordimiento, pero París no le parece tan bonita como antes: «París no volvería nunca a ser igual, aunque seguía siendo París, y uno cambiaba a medida que cambiaba la ciudad» (Hemingway 2013, cap. XX).

ESTUDIO DE LOS PERSONAJES

ERNEST HEMINGWAY

Hemingway, narrador de *París era una fiesta*, tiene unos veinticinco años cuando vive en París. Tiene el pelo corto y es de constitución media, aunque disfruta de la gastronomía que sirven en las cafeterías y restaurantes de la capital. Llega de Canadá con su mujer, Hadley. Contratado por el diario *Toronto Star*, trabaja en París como corresponsal. Este empleo le proporciona ingresos de forma bastante irregular, lo que preocupa al escritor, que no puede disfrutar de tantas salidas como le gustaría.

Se preocupa mucho de mantener sus costumbres: por ejemplo, le encanta relajarse en el mismo establecimiento, La Closerie des Lilas, para escribir, y odia que lo molesten (incluso con las preguntas de su hijo).

Es un hombre más bien honesto que observa con mirada crítica a la mayoría de gente que conoce, de quien saca a relucir tanto las cualidades como los defectos. Así, juzga anticuadas las observaciones de Miss Stein, mientras que la primera impresión de excentricidad que le da Scott influirá en el conjunto de consideraciones que tiene respecto a él. Por el contrario, manifiesta una gran ternura hacia Hadley, por la que se alegra al saber que pudo volver a casarse y ser feliz tras su divorcio.

Durante los años veinte, Hemingway redacta la que será su primera novela de éxito, *Fiesta*. Se dedica por completo a su trabajo de escritor y no para hasta que no está seguro de haber cumplido su labor diaria.

HADLEY RICHARDSON

Primera mujer de Hemingway, Hadley tiene «una cara de modelado suave» (Hemingway 2013, cap. I), y su esposo piensa que vale mucho. No trabaja, puesto que ha decidido ocuparse ella sola de la casa y del niño para que Hemingway pueda dedicar todo su tiempo a su trabajo de escritor.

Está estrechamente unida a su marido y lo apoya con firmeza en sus esfuerzos por hacer que su carrera despegue, se alegra con él de sus éxitos y comparte sus decepciones. Sabe hasta qué punto él ama su trabajo, lo que la empuja especialmente a llevar sus escritos a Suiza para que pueda continuar mejorándolos. A pesar de haber perdido estos documentos, la confianza del escritor hacia su esposa no se ve afectada, aunque en un primer momento se molestara mucho.

Hadley es la compañera privilegiada de Hemingway por los placeres de los que disfrutan juntos en París, Suiza y España. Incluso tras su ruptura, de la que él se reconoce culpable, la felicidad de Hadley sigue siendo una de sus principales preocupaciones y siente remordimientos hasta el momento en que ella vuelve a casarse.

FRANCIS SCOTT FITZGERALD

Personaje que aparece en tres de las diecinueve escenas que componen *París era una fiesta*, Scott —como lo llama

Hemingway— está en un momento próspero de su carrera cuando ambos hombres se conocen en el *Dingo Bar*. De hecho, acaba de terminar *El gran Gatsby*. Acepta de buen grado echar una ojeada a los textos de Hemingway, los cuales juzga prometedores.

Tiene una cara que «no se sab[e] si [va] para guapa o se queda[...] en graciosa» (Hemingway 2013, cap. XVII), con cabello rubio ondulado, una mirada cordial y una boca delicada, así como una nariz, un mentón y unas orejas elegantes. El autor añade que tiene unas manos bien hechas y las piernas cortas. Finalmente, le nota un aspecto abotagado, puesto que Scott ya tiene cierta inclinación por la bebida. Su afición al alcohol se confirma con el tiempo y afecta a su capacidad creativa, por lo que cada vez le cuesta más escribir.

Parece que a Hemingway, antes de comenzar su obra, ya se le había pasado por la cabeza escribir sobre Scott en sus memorias, tal como afirma a un barman del hotel Ritz: «Hablaré de él en un libro que voy a escribir, de recuerdos sobre los primeros tiempos en París. Me prometí a mí mismo que escribiría este libro» (Hemingway 2013, cap. IXX).

GERTRUDE STEIN

Gertrude Stein es una autora estadounidense expatriada en París —como Hemingway y Fitzgerald— que vive en el número 27 de la calle de Fleurus con su compañera sentimental. Hemingway la conoce en los Jardines de Luxemburgo. Es una mujer grande y fuerte de rostro rudo, tiene los ojos azules y lleva el pelo recogido en un moño. Su vivienda es confortable y cálida y, como suele recibir visitas, siempre tiene té y comida.

Aprecia todo lo que ha escrito Hemingway, a excepción del relato *Allá en Michigan* (1923). En cuanto a la opinión de él sobre la obra de Gertrude Stein, le encanta *Melanctha* (1909) y el comienzo de su principal manuscrito —*Ser americanos*, que él mismo ayuda a publicar en 1925—, pero piensa que el resto del libro se vuelve pesado a causa de las repeticiones. A Miss Stein «le repugna [...] el trabajo peonero de retocar y corregir, y contra la obligación de hacerse entender se sublev[a], por mucha que [sea] su necesidad de que la publi[quen] y la acept[en] oficialmente» (Hemingway 2013, cap. II), al igual que detesta retocar sus obras en general. Ella es quien, en una digresión mientras conversan, propone al autor la expresión «generación perdida» para calificar al conjunto de escritores, entre los que ella misma se incluye, que estuvieron marcados por la guerra y que lo han expresado en sus creaciones.

Con su fuerte carácter, consigue que cualquiera acepte sus obras y sus opiniones, aunque Hemingway desaprueba algunos de sus dictámenes. De hecho, la ve anticuada respecto a ciertos temas, como la homosexualidad masculina. Su compañera sentimental y ella también desprecian a las mujeres casadas, a quienes relegan a un papel inferior, lo que explica el comportamiento que tienen con Hadley, a la que apenas dirigen la palabra.

A medida que Hemingway espacia más sus visitas y que ella también las solicita menos, se van distanciando. Gertrude Stein acaba riñendo con todos sus allegados, «excepto con Juan Gris [pintor español, 1887-1927], y con éste no pudo pelearse porque se había muerto» (Hemingway 2013, cap. XIII). Más tarde se reconcilia, pero no recupera la amistad que mantenía con ellos anteriormente.

EZRA POUND

Hemingway aprecia enormemente a Ezra Pound, poeta estadounidense, por su cortesía y su generosidad; en cambio, Gertrude Stein le profesa cierta antipatía. Vive en un estudio en la calle Notre-Dame des Champs con su mujer Dorothy Shakespear (artista estadounidense, 1886-1973), donde toda la gente a la que él quiere es bienvenida. Ahí expone de buen grado las obras de sus amigos, así como las de su esposa. Su estilo perfecto, su incapacidad de negarse a ayudar y su amistad hacen que el autor diga de él que sería un santo de no ser por su irascibilidad.

A través de él, Ernest conoce a varias personalidades de su época: Wyndham Lewis, Ernest Walsh (poeta estadounidense, 1895-1926), Ford Madox Ford (escritor inglés, 1873-1939) o Ralph Cheever Dunning (poeta estadounidense, 1878 1930). Ezra también conoce a Thomas Stearns Eliot (escritor estadounidense, 1888-1965), otro representante de la generación perdida. Ezra consagra parte de su dinero a los fondos Bel Esprit, que él mismo financia junto a Nathalie Barney. De este modo, pretende ayudar a uno de sus amigos, Eliot, para que este pueda dejar su empleo en el sector bancario y dedicarse por completo a la poesía.

EL RESTO DE EXPATRIADOS ESTADOUNIDENSES

En el transcurso de sus aventuras parisinas, Hemingway frecuenta a otras personalidades en boga en esa época:

- James Joyce. Ernest se encuentra con él varias veces en las cafeterías y le parece simpático. Joyce vive con Nora y sus dos hijos, Giorgio y Lucia. Cuando Hemingway lo conoce, James está trabajando en lo que será el *Ulises* (1925);
- Ernest Walsh. Hemingway conoce a este poeta irlandés de cabello moreno en el estudio de Ezra. La primera impresión que tiene de él es que es un hombre «marcado para la muerte» (Hemingway 2013, cap. XIV), aunque no sabe determinar por qué exactamente. Walsh, que crea una revista literaria, promete a Hemingway que le concederá un premio, pero ignoramos si llega a hacerlo, sobre todo teniendo en cuenta que, según parece, les hace la misma promesa a otros escritores;
- Wyndham Lewis. También es en el estudio de Ezra donde Hemingway conoce a este pintor y escritor británico de origen canadiense. Con un rostro que al autor le evoca «una rana cualquiera» (Hemingway 2013, cap. XII) y ropa que parece sacada de la preguerra, causa en él una impresión bastante desfavorable. Según Gertrude Stein, es alguien que intenta desesperadamente imitar las obras que aprecia, pero sin conseguir atrapar su esencia;
- Ralph Cheever Dunning. Hemingway conoce a este poeta opiómano gracias a Ezra, que un día le encargó que le trajera un frasco de esta droga. Hemingway conserva el recipiente en una de sus botas, ya que Dunning no lo

quiso. Muchos años después, cuando se muda, resulta que el tarro ha desaparecido misteriosamente;

- Ford Madox Ford. Este autor británico tiene en buena estima los trabajos de Hemingway, quien, por su parte, le profesa una gran antipatía. Fundó varias revistas literarias en la época en la que aún utilizaba su nombre de nacimiento, Hueffer. Se casó con Stella Bowen (artista y autora australiana, 1893-1947) con quien tuvo una niña llamada Julie. Este señor de bigote y gran corpulencia recibe el aprecio de las mujeres y de algunos hombres, así como el cariño de quienes lo conocieron cuando sus producciones literarias tenían éxito;

- Blaise Cendrars (1887-1961). Hemingway conoce al poeta suizo en La Closerie des Lilas. Su compañía resulta agradable cuando no ha bebido; sin embargo, este fumador con la cara aplastada tiene tendencia a contar mentiras, cosa que el autor aguanta en la medida en que las encuentra más agradables de escuchar que las historias reales que cuentan otras personas;

- Evan Shipman. Tanto Hemingway como él son amantes de las carreras de caballos, de la prosa y de la pintura. Se ven a menudo hasta los últimos días del escritor. Evan, alto y delgado, lleva la ropa llena de arrugas durante la primera reunión entre ellos en La Closerie des Lilas de la que da fe el libro. Además, suele exhibir una sonrisa afectuosa que atrae la simpatía de Hemingway, al que él llama Hem. Tras la apertura de la barra americana en La Closerie des Lilas, trabaja en el jardín de uno de sus camareros. También va a visitar a Hemingway a Cuba cuando está a punto de morir por un cáncer de páncreas. Entonces le suplica al autor que hable de los placeres que conocieron en París y en otros sitios, así como de la gente a la que frecuentaron durante este período.

Otras personalidades, a las que no se describe mucho, aparecen también por alusión, como Sylvia Beach y Janet Flanner (periodista y escritora estadounidense, 1892-1978).

---

1. Cita traducida por ResumenExpress.com

CLAVES DE LECTURA

GÉNESIS Y CRONOLOGÍA DE LAS ESCENAS

La idea de *París era una fiesta* se concretiza en la mente de Hemingway cuando encuentra en 1956 sus manuscritos y notas guardados en el hotel Ritz desde 1928, donde los había dejado olvidados. Termina la primera versión del texto en otoño del año siguiente, pero la sigue retocando hasta abril de 1961.

Realmente, *París era una fiesta* solo estaba conformado por diecinueve escenas. A estas se añadieron diez más, clasificadas bajo el título «Otras escenas parisinas» y «Escenas inéditas», que hay que distinguir de las primeras en el sentido de que se consideraba que no estaban acabadas por el autor y no le satisfacían lo suficiente como para integrarlas en el manuscrito final.

La edición de referencia utilizada en el marco de este análisis, aunque es fiel al manuscrito tal y como era en el momento de la muerte de Hemingway, presenta una organización diferente a la de la edición original datada de 1964. De hecho, el libro tuvo otra versión modificada por la última mujer de Hemingway, pero también por sus editores, que suprimieron algunos pasajes. Por lo tanto, Seán Hemingway tuvo que revisar el conjunto a fin de disponer las escenas de forma que se respetaran los deseos de su abuelo. Para montar esta edición, Seán explica que se basó en un manuscrito anotado por Hemingway y que hoy se conserva en Boston. Entonces solo tres escenas («Ford Madox Ford y el discípulo del diablo», «Nace una nueva escuela» y «El hombre marcado para la muerte») llevaban título. La titulación de las otras secciones proviene en algunos casos de la primera edición de la obra (1964) y en otros, de las decisiones que tomó Seán.

Los textos no respetan un orden cronológico preciso. Por ejemplo, «Invierno en Schruns», que alude al primer invierno tras la llegada del matrimonio a París, cierra la obra, si se excluyen las tres escenas dedicadas a Fitzgerald. En lo que se refiere al orden de las escenas suplementarias, las cuales no satisfacían al autor, fue decidido por Seán Hemingway. No obstante, las dos últimas que aparecen en el libro tienen una simbología particular:

- el hecho de que «El pez piloto y los ricos» sea el penúltimo capítulo no es casualidad. Resultaba imposible a ojos de Seán, así como de Ernest, que cerrara la obra, ya que el autor consideraba que el final anunciado del matrimonio con Hadley y la relación incipiente con Pauline eran un comienzo y no un fin;
- «Nada y pues nada», la última escena suplementaria en la que el escritor habla por última vez con su amigo Evan Shipman, fue escrita solo tres meses antes del suicidio de Hemingway. En esa época, este padecía graves problemas de salud y una profunda depresión, que su expediente médico atribuía en parte a la hemocromatosis (enferme-dad genética que produce acumulación de hierro en el or-ganismo). A pesar de esta dolencia, cuenta sus recuerdos y sus aventuras pasadas en París, si bien quizá también lo haga por Shipman, que se lo pidió:

«Hoy es absolutamente necesario que continúes, porque escribes en nombre de todos y cada uno de nosotros. [...] Es necesario que hables de los buenos tiempos, sin olvidar lo demás, que tan solo nosotros conocimos, nosotros que nos encontramos en lugares extraños en extraños momentos»[2].

UNA ESCRITURA FICCIONAL SIN FALSOS PRETEXTOS

París era una fiesta es una historia formada por anécdotas que se beneficia de una escritura sencilla, necesaria para dar la impresión de veracidad a las diversas historias relatadas.

La escritura no presenta ningún artificio, ninguna búsqueda estilística particular, hasta el punto de que, por momentos, parece transcribir directamente el pensamiento del autor. No obstante, en algunos pasajes, encontramos construcciones más complejas que juegan con la curiosidad del lector:

- en «El pez piloto y los ricos», tras una larga descripción de un triángulo amoroso escrita en tono impersonal, la mención de la primera persona del singular muestra que el escritor cuenta su propia experiencia y no forma parte de una simple reflexión;
- en la primera de las escenas suplementarias, no se nombra al interlocutor de Hemingway hasta el final del capítulo. El nombre Harold puede referir tanto a Harold Loeb (1891-1974), un escritor estadounidense expatriado en París, como a Harold Stearns (escritor estadounidense, 1891-1943), un contacto de Evan Shipman.

---

2. Cita traducida por ResumenExpress.com

En *París era una fiesta*, Hemingway tiene la ocasión de evocar aspectos de su existencia en la capital francesa. Sin embargo, puesto que se trata tanto de acontecimientos supuestamente vividos por él como de testimonios sobre la sociedad, los lugares, las personas y los ambientes que conoció, la novela se sitúa tanto del lado de la autobiografía como del de las memorias.

Paradójicamente, el propio autor caracteriza su obra como ficción. Como, al parecer, piensa que es imposible reproducir sus recuerdos tal como se produjeron realmente, «intent[a] recrear a través de la imaginación una época y a las personas que la vivieron»[3], más que transcribir de forma exacta su vida parisina. Puesto que quería ofrecer una imagen más verídica —a su juicio— de este período, cambió muchas cosas, de modo que su historia tergiversa algunos elementos.

Hemingway no llega a dar una razón precisa del carácter ficcional de su texto, tal y como explica en uno de sus borradores: «No existe ninguna fórmula susceptible de explicar por qué este libro es una ficción, y aunque existiera, no sería eficaz»[4]. No obstante, reconoce haber novelado la descripción de algunas personas (cita, en especial, a Scott) y acontecimientos (solo los que conciernen a Hadley recogen, para él, palabras y hechos exactos).

Por lo tanto, el género de esta obra es particularmente complejo de definir, puesto que se sitúa entre la autobiografía, las memorias y la novela. No obstante, puesto que la dimen-

---

3. Cita traducida por ResumenExpress.com
4. Cita traducida por ResumenExpress.com

sión autobiográfica de la historia es tan extremadamente fuerte y el autor admite haber reinventado algunos hechos (y no haber escrito una auténtica novela), podemos vincular el libro con la autobiografía novelada.

EL CONTEXTO DE LA ESCRITURA

Contexto cultural

A principios de los años veinte, un gran número de artistas estadounidenses se van a vivir a París, que es al mismo tiempo una gran esfera cultural y una ciudad propicia para el trabajo y el encuentro con otras personalidades. Hemingway forma parte de ello y se cruza por primera vez con autores famosos de su época, además narra sus encuentros con ellos en *París era una fiesta*. Frecuenta particularmente a Ezra Pound, poeta y crítico, y a Gertrude Stein, autora y feminista.

Este período goza de una gran riqueza cultural: así, Gertrude Stein escribe en París la que hoy en día es considerada como su obra maestra, *Ser americanos*; también Fitzgerald redacta en Francia *El gran Gatsby*; allí Hemingway compone *Fiesta*, su primera novela; Sylvia Beach, la propietaria de la librería Shakespeare and Company, publica en lengua original un clásico de la literatura, el *Ulises* de James Joyce.

Contexto histórico y económico

París era una fiesta se sitúa en un contexto cercano a la Primera Guerra Mundial, ya que las anécdotas que en ella se narran tienen lugar menos de diez años después de los terribles acontecimientos. Estados Unidos, que no sufrió grandes destrozos en su territorio, es económicamente más fuerte que Europa. Al contrario que el Viejo Continente, que tuvo que tomar medidas económicas radicales durante la guerra, América no tuvo que dedicar toda su economía a este fin. Por lo tanto, colabora financieramente en la reconstrucción de Europa y, de este modo, consigue que nazca una corriente americanófila.

Parece que, durante los años veinte, París se alzó y se convirtió en un lugar en el que resultaba agradable vivir. Aunque los años locos estuvieron marcados por la euforia y los deseos de libertad, la guerra aún está presente en las mentes de los parisinos y por eso se alude a ella a menudo en la obra. Durante este período, París en concreto y Francia en general sufren profundas mutaciones culturales y sociales gracias especialmente a la llegada de nuevos productos que no tardarán en inundar el mercado y en modificar el día a día de los habitantes. En el plano cultural, emergen corrientes artísticas inéditas, y el jazz y el swing, típicamente estadounidenses, invadirán enseguida las cafeterías francesas. Este ambiente festivo favorece la eclosión de un gran número de espacios de diversión y de encuentro para las grandes mentes de la época. La crisis económica de 1929 pone punto final a esta época fasta.

LA GENERACIÓN PERDIDA

La expresión generación perdida, utilizada por Gertrude Stein en la escena que lleva su nombre, caracteriza una generación de escritores estadounidenses que visitan París durante el período de entreguerras. Hemingway, Fitzgerald, Pound, Gertrude Stein (que sin embargo no se identifica con la corriente, aunque ella también sea una autora expatriada), asi como otras figuras tales como John Steinbeck (1902-1968), Sherwood Anderson (1876-1941) o Sylvia Beach son sus principales representantes. Todos vivieron la Primera Guerra Mundial y comparten la misma desesperación. La generación perdida trata de hacer desaparecer esta melancolía en la exuberancia de los años locos.

Hemingway, que fue conductor de ambulancia durante el conflicto, se inspiró en su experiencia para escribir *Adiós a las armas* (1929); Fitzgerald, que también sirvió al final de la guerra, publicó poco después una novela dedicada a la juventud de posguerra, *A este lado del paraíso* (1920). *París era una fiesta* no escapa de esta tendencia. A través de su historia, el autor vuelve sobre los aspectos de su pasado en el ejército. Recuerda las penas vividas en las ambulancias, se acuerda de un camarada de infantería que conoció en sus años en Italia y al que perdió de vista. Pero quizás sean justamente esos sufrimientos los que permiten que luego pueda apreciar la capital y su dulzura de vivir.

LA CELEBRACIÓN DE UNA CIUDAD

A lo largo de todo el libro, Hemingway celebra los placeres que conoció durante los años que vivió en París y que fueron mucho más numerosos que algunos pesares que guarda (el miedo de no ver llegar la primavera y los remordimientos nacidos de su traición a Hadley).

Durante su estancia, disfruta de la libertad que le ofrece París y frecuenta sus cafeterías y librerías. Se embelesa con cosas sencillas —por ejemplo: mirar cómo los pescadores intentan capturar peces en el Sena— y saborea la gastronomía francesa. Vive de manera pobre y sencilla en una pequeña vivienda, pero eso le basta para asegurar un mínimo de confort a su familia. Dedica sus gastos a actividades que les entusiasman a él y a su esposa, como comprar libros en los buquinistas a la orilla del río o las carreras de caballos. Se trata de cosas sencillas que marcaron a Hemingway profundamente y que hicieron de este período uno de los más felices de su vida. Pero si le tenía tanto cariño a la capital, también fue porque en ella vivió bonitos momentos con su primera esposa Hadley.

A través de *París era una fiesta*, Hemingway glorifica el modelo de vida a la francesa elogiando gran parte de sus dimensiones. La cultura, la gastronomía, los decorados y la alegría de vivir de los habitantes de París se ponen de relieve de tal forma que es imposible no percibir el amor que el autor profesa por esta ciudad.

CUANDO *PARÍS ERA UNA FIESTA* SE CONVIERTE EN UN MODO DE RESISTENCIA

La noche del 13 de noviembre de 2015, durante un partido de fútbol amistoso entre Francia y Alemania, se oyen tres explosiones en las proximidades del Estadio de Francia. Cinco minutos más tarde, unas personas armadas siembran el pánico en varias calles del noreste de París, y, diez minutos después, otros tres terroristas secuestran a los espectadores y a los trabajadores en la sala de espectáculos Bataclan. Durante varias horas, París se hunde en el caos. El balance es grave: los atentados reivindicados por el Dáesh (el Estado Islámico) dejan 130 muertos, 89 de ellos solo en la Bataclan.

A pesar del choque y del estado de emergencia que declara el Gobierno, los parisinos quieren homenajear a los damnificados y a sus familias. Un gran número de flores, velas y corones se colocan en las terrazas de las cafeterías donde se encontraban algunas de las víctimas, así como ante la sala de espectáculos. Entre los objetos depositados, encontramos especialmente ejemplares del libro *París era una fiesta* de Ernest Hemingway. El título —sacado de un comentario del autor en el que afirma que «París es una fiesta que nos sigue»—es un símbolo por sí mismo, y sus páginas exhalan un profundo amor por la ciudad de París. También es una celebración de la alegría de vivir a la francesa, todo lo contrario de lo que quieren imponer los terroristas.

Aunque el *hashtag #ParisEstUneFete* (es decir, París es una fiesta) es uno de los más compartidos en las redes sociales los días siguientes a los atentados, lo que realmente relanzará las ventas del libro es una entrevista. La cadena francesa BFMTV, que se presentó en las cercanías del Bataclan para cubrir estos homenajes, recoge las declaraciones de una abogada llamada Danielle que afirma que es «muy importante leer, varias veces, el libro de Hemingway, *París era una fiesta*»[5] («Entrevista a Danielle», 2015) y ofrece un discurso humanista, ampliamente reproducido en las redes sociales. De inmediato, Folio Gallimard, el editor del libro, constata que las ventas se han multiplicado por 150 en una semana y que se han agotado las existencias por todas partes, tanto en las librerías como en los sitios de venta en línea.

---

5. Cita traducida por ResumenExpress.com

PISTAS PARA LA REFLEXIÓN

ALGUNAS PREGUNTAS PARA PROFUNDIZAR EN SU REFLEXIÓN...

- *París era una fiesta* nunca se ha adaptado al cine, a la televisión ni al teatro. Según usted, ¿cuál es la razón? ¿Cómo se enfrentaría usted a la realización de una adaptación de esta obra, teniendo en cuenta sus particularidades?
- Explique el título de la obra con ayuda de elementos sacados del libro.
- En varias ocasiones, Hemingway hace referencia a su trabajo de escritor. En vista de lo que explica, ¿cómo caracteriza usted su método de trabajo?
- El autor explica en la introducción de la edición original, datada de 1964, que «este libro es una obra de imaginación» (Hemingway 1964)[6]. ¿Cómo ilustra esta consideración la dificultad de calificar esta obra de autobiografía?
- Más allá del título, ¿qué razones empujaron a los franceses a (re)leer *París era una fiesta* tras los atentados del 13 de noviembre de 2015? Responda con la ayuda de elementos sacados del libro.
- ¿La relación que Hemingway mantiene con Francis Scott Fitzgerald influye en la elaboración de su obra? ¿Qué significa él para Francis Scott Fitzgerald?
- El invierno y la primavera son dos estaciones muy significativas para Hemingway. ¿Cómo puede usted relacionarlas con los placeres y las desgracias que vivió durante su

---

6. Cita traducida por ResumenExpress.com

período parisino?

- Comente la cita siguiente desde el punto de vista del estilo del autor:

> «Llegamos temprano. Nos sentamos en mi gabardina, extendida encima del césped recién cortado, y comimos y bebimos la botella de vino, mirando la vieja tribuna, las taquillas de apuestas que eran de madera pintada marrón» (Hemingway 2013, cap. VI).

- En el libro, se cita a varios escritores de la generación perdida. ¿Quiénes son y cómo corresponden a la definición de generación perdida enunciada en la obra?

¡Su opinión nos interesa!
¡Deje un comentario en la página web de su librería en línea,
y comparta sus favoritos en las redes sociales!

PARA IR MÁS ALLÁ

EDICIÓN DE REFERENCIA

- Hemingway, Ernest. 2013. *París era una fiesta*. Traducido por Gabriel Ferrater. Barcelona: Lumen.

FUENTES COMPLEMENTARIAS

- Hemingway, Ernest. 1964. *A Moveable Feast*. Nueva York: Scribner.
- "Entrevista a Danielle", vídeo en YouTube, publicado por "BFMTV", 16 de noviembre de 2015, https://www.youtube.com/watch?v=3PPRIQWJqac
- Portal oficial de La Closerie des Lilas. Consultado el 13 de octubre de 2016. http://www.closeriedeslilas.fr/index.php?id=7&L=0%22%22

EN RESUMENEXPRESS.COM

- Guía de lectura de El viejo y el mar de Ernest Hemingway.
- Guía de lectura de *Por quién doblan las campanas* de Ernest Hemingway.

ResumenExpress.com